LETTRE
A
M. COURAL

PAR

M. Gustave ROUANET

Rédacteur en Chef du Petit Narbonnais.

———⋈⋈⋈———

Prix : 20 Centimes

———⋙⋈⋘———

EN VENTE CHEZ TOUS LES DÉPOSITAIRES

du Petit Narbonnais

—

BÉZIERS — IMPRIMERIE PERDRAUT

LETTRE A M. COURAL

PAR

M. Gustave ROUANET

Rédacteur en chef du PETIT NARBONNAIS

Monsieur,

Hier, le *Petit narbonnais* a été condamné. — A une forte amende, si l'on considère l'importance modeste de notre feuille. Frais compris, avec les dommages-intérêt, il en coûtera, trois mille francs à mes amis, ex-rédacteurs du journal que je rédige maintenant.

Ils vous avaient appelé « farceur » parce que vous êtes très fort en voltige politique, que vous exécutez des sauts périlleux sur la scène publique avec une désinvolture et une adresse remarquables.

Ils vous avaient appelé « maître fourbe », parce que en 1873, votre candidature surgit au dernier moment dans le sein du comité électoral de Carcassonne en opposition à celle du regretté L. Bonnel, le seul dont le nom eût été mis en avant par les comités de l'arrondissement de Narbonne.

Ils vous avaient reproché d'avoir le regard

faux, une physionomie dure et une face rougeaude.

Tout cela n'était pas de votre goût. Quoiqu'il soit bien avéré, — vous n'oseriez pas le nier, n'est-ce pas, — que vos principes sont aussi élastiques que les mouchoirs de prestidigitateurs; quoiqu'il soit de notoriété publique que sous l'empire vous avez hautement déclamé contre la République et chanté des psaumes — je n'ose pas vous dire ce que je pense de votre voix, vous me poursuivriez en diffamation si je la qualifiais de discordante et je serais indubitablement condamné — en honneur de celui qui s'intitulait sa majesté Napoléon III, vous ne voulez pas pour cela passer pour un « farceur » — et le Tribunal vous a donné raison. Ces épithètes de « farceur », « maître fourbe », nous devrons désormais nous abstenir de les prononcer Elles portent atteinte à votre honneur et à votre considération. Il est vrai que le Tribunal aurait pu coter votre honneur à un prix beaucoup plus élevé que celui auquel il l'a tarifé.

Cinq cents francs ! c'est peu de chose, en vérité ! Assez cependant pour que le *Petit narbonnais* tâche plus tard, s'il a l'occasion de revenir sur votre personnalité, de faire des périphases et de ne plus employer les mots propres tout nus.

Pourtant, êtes-vous satisfait ?

Croyez-vous avoir pleinement atteint le but que vous poursuiviez ?

Les élections sont proche, comme on vous l'a si bien dit, dans cette enceinte d'où les paroles qu'on y prononce ne peuvent être reproduites dans la presse ; vous avez obtenu votre réclame électorale.

Depuis quelque temps, en effet, votre personne restait dans l'ombre. Il semblait que votre nom fût tombé dans le domaine de l'oublie. Malheur à ceux dont nul ne se souvient ! Ils meurent vite ceux-là dont personne ne dit mot. Grâce au *Petit Narbonnais*, ce nom qui menaçait de s'éteindre, dont on ne parlait plus, a reparu sur la scène. Aujourd'hui, il est dans toutes les bouches, tout le monde le répète.

Vous n'avez donc, en somme, qu'à remercier le *Petit Narbonnais*, de ce petit regain de notoriété — remarquez que je ne dis pas de « popularité » — que vous n'auriez peut-être jamais obtenu sans lui.

Cependant là, franchement, êtes-vous satisfait ?

*
* *

Mes amis le sont. C'est trois mille francs environ, qu'il leur en coûtera pour avoir les premiers souffleté publiquemment un ancien magistrat de l'empire ayant fait partie des commissions mixtes, pour avoir refusé de prendre au sérieux votre républicanisme rescent et flétri, comme il convient, votre ex-copain, en bonapartisme, Peyrusse, dont vous avez cru devoir prendre la défense contre le *Petit Narbonnais*. J'ai entendu dire par beaucoup que ce droit était chèrement acheté. Comme le mari de Boccace, content d'avoir reçu une volée, mes amis sont satisfaits d'avoir été condamnés.

Mais vous, Monsieur, à qui cette affaire a fait une réclame électorale considérable, l'êtes-vous aussi !

*
* *

Certes, la publicité des débats n'était pas restreinte. La salle était littéralement bondée, on se pressait on s'étouffait, pour entendre les détails de ce procès dont M. Figeac et M. Peyrusse attendaient leur réhabilitation.

Publiquement, la chose a eu lieu. Le *Petit Narbonnais* a été déclaré l'ennemi de tout ordre social, puisqu'il avait attaqué cet homme sans pareil, qui trouva le moyen, cinquante ans durant de se concilier l'estime universelle ; sous la République de 1848 en comprimant les menées monarchiques des orléanistes, devenus les ennemis de la Société d'alors ; sous le coup d'Etat en s'enrôlant dans les bandes des magistrats qui composèrent les commissions mixtes.

Cette réhabilitation d'un ancien magistrat de commissiont mixtes était difficile à obtenir. Les plus modérés ont qualifié durement ces magistrats qui siégeaient dans l'ombre après le deux décembre et déportaient, sans les entendre, des hommes coupables seulement d'avoir montré de l'attachement aux institutions républicaines jurées par celui-là même qui les viola. S'il était besoin de vous prouver combien les magistrats en forfaiture de ce temps là, ont été blâmés par les plus timides et les moins arancés, il me suffirait de vous citer les paroles de M. Dufaure sur ces commissions flétries par lui.

M. Dufaure ne saurait pourtant être un ennemi acharné de la morale, de l'ordre et de la société, n'est-ce pas ?

Quoiqu'il en soit. vous avez vaillamment pris leur défense contre le récriminations amères du *Petit Narbonnais* et obtenu gain de cause.

M. Peyrusse surtout, a du se montrer enchanté de l'apologie faite par vous, de ses vertus politiques. Ancien coreligionnaire, depuis votre défection, vous ne deviez plus être avec lui dans les mêmes termes qu'au temps où vous rivalisiez tous deux de zèle impérialiste. Il vous avait même été préféré, puisque ses services furent payés d'un ruban rouge, tandis que vous vous ne pûtes pas obtenir ce colifichet de vos rêves, tant désiré.—Vous ne lui en avez pas moins tendu votre main à l'audience d'hier et confondu sa cause avec la vôtre, ce qui prouve que vous ne sauriez garder de rancune envieuse envers vos anciens amis politiques.

Sans vous féliciter précisément de cette preuve touchant de sympathie donnée à un ancien magistrat des commissions mixtes et à un ex-candidat officiel, je ne puis m'empêcher de regretter qu'elle vous a valu 500 francs de dommages-intérêts, que vous allez vous empresser, sans doute, de verser entre les mains des divers magistrats bonapartistes dégommés par le nouveau minis ère.

Donc tout va pour le mieux sous la meilleure des Républiques et tout le monde est content.

Excepté moi, monsieur.

* * *

J'ai été mêlé personnellement à un débat auquel j'aurais dû rester totalement étranger, puisque j'étais absent lors de la polémique engagée entre vous et mes prédécesseurs du *Petit Narbonnais*.

Or, non-seulement ma petite personnalité, qui n'était pas en cause hier, a été mêlée à ce débat, mais encore, tronquant un de mes articles dont par là vous dénaturiez le sens, vous m'avez fait dire une chose que je suis loin d'avoir pensée, et voilà pourquoi je vous écris une lettre — publique, puisque c'est publiquement que mon nom a été prononcé.

Je suis d'autant plus forcé de vous répondre, que cet article a été cité sinon comme inspiré par MM. Faurie, du moins comme approuvé par eux.

Or, je ne puis laisser subsister un seul instant le doute dans l'esprit du public, relativement à « l'amende honorable » qu'auraient faite MM. Faurie dans l'article du dernier numéro signé de mon nom. Cette assertion est parfaitement inexacte et mon devoir est d'en relever la fausseté.

※

Le *Petit Narbonnais*, nous l'avons dit bien des fois, quoiqu'on ait pu insinuer hier, n'est l'organe d'aucune coterie, ni d'aucune personnalité. Tous ceux qui ont une réclamation à faire, une plainte à exhaler, un vœu à formuler, n'ont qu'à adresser leur réclamation, leur plainte ou leur vœu au journal, ils sont certains de trouver chez nous un organe toujours prêt à les accueillir.

Il n'a pas été fondé dans le but de faire prédominer telle ou telle personne, mais bien dans celui d'apporter un modeste concours à l'œuvre que nous poursuivons tous — nous, pas vous — le triomphe définitif de la République vraie, de la République sans épithète, — de fustiger impitoyablement les intrigants de toute catégorie, les chevaliers d'industrie politique de toute espèce, les comédiens de toute sorte qui ne cessent d'agiter la foule en vue d'une sinécure, d'une fonction ou d'une dignité.

※

Voilà pourquoi, Monsieur, j'ai accepté la rédaction en chef du *Petit Narbonnais*. Parce que moi, qui ne suis malgré vos assertions, l'avocat de personne, pas plus de M. Faurie que d'un autre, je ne saurais m'accommoder des fonctions de domestique que vous imposiez à M. Tédenat, qui n'a quitté le *Républicain* que parce qu'il ne voulait pas accepter d'être votre homme de paille ; il l'a déclaré lui-même.

Si j'ai accepté la rédaction de ce modeste journal, c'est que je suis républicain. Non pas de ces républicains comme il y en a tant, comprenez-vous, Monsieur? qui ne recherchent dans la défense d'une idée qu'un moyen d'exploitation matériel, mais bien parce que mes convictions sincères me font un devoir de confesser les principes que je professe — et j'ai déjà fait mes preuves, à coups de plume et à coups de fusil.

Je crois qu'il vous serait difficile d'en dire autant.

***

A mon arrivée à Narbonne, la calomnie n'a pas manqué d'essayer de jeter quelques éclaboussures sur mon passé que je tiens tout grand ouvert comme un livre aux yeux de tous ceux qui voudront le fouiller. Mais il n'était pas possible de venir me rappeler les palinodies qu'on ne cesse de vous jeter à la face.

A l'audience de lundi, on m'a présenté comme l'avocat de MM. Faurie : chose plus grave, on a prétendu que j'avais fait amende honorable en leur nom.

Vous en avez menti.

Le *Petit Narbonnais* en changeant de rédaction, s'est dégagé de tout lien avec l'ancienne.

Il a déclaré cependant qu'il marcherait sur les traces de ses prédécesseurs. — Quoi de plus naturel ! Fondé par des républicains ayant tous donné à la République des gages que vous n'avez jamais pu fournir, il a violemment attaqué des hommes — comme vous, dont la couleur politique varie suivant la forme politique du jour — comme Figeac, un ancien magistrat de l'empire, dont vous avez entrepris et obtenu la réhabilitation au courant de l'audience d'hier, M. Figeac, ancien membre des Commissions mixtes et vingt ans la terreur des républicains de l'arrondissement — comme M. Peyrusse, un de ces anciens potentats de l'empire cumulant entre leurs mains tous les pouvoirs, toutes les dignités, sortes de proconsuls impériaux dont le bon plaisir faisait loi, M. Peyrusse ignominieusement réprouvé par le suffrage universel le jour où, à la chute de l'empire, le suffrage universel put s'exprimer librement, et dont votre avocat, Monsieur, à l'audience, a exalté les vertus politiques !

Telle était, avant moi, la ligne suivie par le journal qu'une condamnation sévère vient de frapper dans la personne de ses anciens rédacteurs et de ses gérants.

Comment moi, Monsieur, n'aurais-je pas suivi la voie déjà tracée.

Je ne crois pas moi, non plus, qu'un homme dont le passé politique ressemble au vôtre, puisse venir imposer sa direction au parti républicain.

La République n'est pas un mauvais lieu, dont la porte est ouverte nuit et jour à tous les débauchés, en rût de réjouissances malsaines. La République n'est pas une prostituée, une catin de guérite qui doive ouvrir ses bras à tous les passants et tendre sa joue saine et colorée aux lèvres blafardes et malades du premier venu. Comme la femme de César, ses amants ne sauraient être soupçonnés. Arrière les indignes, qui, comme vous, ont voué un culte à toutes les divinités.

Le parti bonapartiste vous fit bon accueil après le coup d'Etat, quand vous désertâtes la République pour chanter les gloires de l'empereur votre « *seule espérance.* » Il ne saurait en être de même dans le parti républicain. Nous n'acceptons les rénégats que sous bénéfice d'inventaire, qu'à la condition qu'ils expieront humblement dans la médiocrité et aux derniers rangs, le crime d'avoir combattu dans un camp étranger. S'ils se sont ralliés sincèrement, pour satisfaire aux besoins de leur conscience, eh bien ! qu'ils restent silencieux, se contentant de servir la République, que leur nom sans autorité ne saurait que compromettre.

Si donc quelquefois on vous a combattu dans les colonnes du journal depuis la retraite des frères Faurie, c'est parce que vos principes et surtout votre passé politique nous imposaient le devoir de nous opposer à vos prétentions de représenter le parti républicain, convaincus que nous étions tous, que cet honneur n'était dû qu'à des hommes dignes, — jamais à un homme comme vous.

*
* *

Quant à l'assertion émise par votre avocat, que j'avais fait amende honorable au nom de MM. Faurie, elle est encore inexacte, et là aussi je vous dis : — Vous en avez menti.

Dans quel but avez-vous suggéré cet artifice oratoire à votre avocat ? Etait-ce dans le but de faire croire que le *Petit narbonnais*, effrayé des inimitiés puissantes qu'il s'est attiré, allait, reniant comme vous son passé, changer de ligne de conduite et reconnaître votre honorabilité politique ?

Je ne sais. Parfois, vous suivez des chemins bien tortueux pour arriver au but que vous poursuivez, et bien fin serait celui qui voudrait vous deviner. Nous savons à quelle basses manœuvres vous vous êtes livré, quelles calomnies vous avez essayé de jeter sur MM Faurie auprès d'honorables personnes, des notoriétés politiques, auxquelles vous vous êtes adressé. Nous savons aussi la réponse qu'elle vous ont faite. Quand l'heure sera venue de raconter tout cela, nous le raconterons, — à moins que vous ne nous demandiez des explications avant. Dans ce cas, nous sommes prêt à vous donner des explications précises — écrites, même, entendez-vous, mon-monsieur Coural ?

Mais ce que vous n'aviez pas le droit d'invoquer devant le Tribunal, c'était l'entrefilet d'un article signé G. Rouanet, dont vous avez dénaturé le sens pour faire croire que je reconnaissais les torts de MM. Faurie, ce qui pouvait faire supposer que j'ai eu peur de vous.

Ah ! J'ai fait amende honorable !

Ecoutez, monsieur Coural, comme le *Petit narbonnais* baissait la tête devant vous dimanche dernier :

Parce qu'en 1864 vous avez renié votre culte politique — tout le monde sait sous l'empire de quelles déceptions — parce que le parti républicain recrutant alors ses aides un peu partout et forcé par conséquent de ne pas regarder de trop près dans le passé des nouvelles recrues, vous avez pu venir dans notre camp, vous voudriez prétendre que c'est à partir de ce jour seulement que le parti républicain a pu engager la lutte ! C'est par trop de présomption.

Vous poursuivez un but que j'ignore. Si vous recherchez toutes les occasions pour mettre en avant votre ambitieuse personnalité qui n'a été jusqu'ici qu'une pomme de discorde parmi nous, c'est qu'évidemment vous jouez un jeu. Lequel ? Est-ce le même que celui dont vous avez perdu la partie en 1873 ?

Jouons donc cartes sur table et pas de finasserie. On vous dit habile. Mais si vous avez cru faire acte d'habileté en jetant des fleurs sur la tombe de ce vieux républicain, mort au service de la République, vous avez fait fausse route, Monsieur.

Tout le monde pense ce que je vous dis ici. On a dit que sur la tombe de ce vaillant républicain dont la vie toute entière — tout entière, entendez-vous ? — a été consacrée à la défense de la République, ce n'était pas à vous, transfuge de venir parler d'inflexibilité politique. — *Quousque tandem ???*

Certes, vous ne manquez pas d'audace ; mais les électeurs de l'arrondissement de Narbonne ne sont pas tous, non plus, un ramassis d'imbéciles qu'on peut berner impunément. Vous avez mal calculé en comptant vous recommander du nom vénéré de Bonnel auprès d'eux. Celui dont vous avez prononcé l'éloge était un républicain, un républicain éprouvé ayant donné des gages que vous n'avez jamais fournis. Il n'y a donc rien de commun entre vous et lui.

Au fait que nous voulez-vous ? Il serait grand temps d'en finir avec ces petites intrigues, cousues de fil blanc. Croyez-vous que la recommandation de T. Valière soit suffisante pour nous garantir votre bonne foi ? Nous savons qu'à certaine époque, en 1847 ou 48, sur les instances de M. Valliére vous quittâtes le Cercle philarmonique, cercle réactionnaire dont vous étiez membre. Vous vous ralliâtes peut-être à la République, comme après le coup d'Etat, vous vous êtes rallié à l'empire. Voilà tout.

Et c'est parce que vous avez excellé à suivre le vent politique que vous prétendriez nous imposer votre personne ? Place aux plus dignes. Vous n'êtes pas de ceux-là, vous. »

Singulière façon de baisser pavillon ! Est-ce là ce que vous appelez une amende honorable?

Dans le second article, je n'étais pas moins explicite. Il n'y a que vous assurément, qui ayez pu voir dans ces deux articles un hommage rendu à vos éclatantes vertus républicaines. Je puis vous assurer que pas un autre de mes lecteurs, n'a pu se faire semblable illusion.

Je termine, monsieur, — pour aujourd'hui — et en finissant je vous déclare :

1° Les appréciations contenues dans le dernier numéro sur votre affaire me sont tout-à-fait personnelles et ne sauraient engager M. Faurie qui n'appartient en rien à la rédaction du *Petit Narbonnais*, dont j'accepte entièrement la responsabilité morale et matérielle.

2° Vous avez, en le tronquant, dénaturé le sens de cet article qui n'est pas une amende honorable comme l'a dit votre avocat M° Rozy.

J'ai tenu à établir ces deux points : MM. Faurie n'ont pas essayé de fuir le débat et moi, qui ne suis pas leur avocat, je n'ai jamais fait des excuses pour eux, — pas plus que pour moi — car je professe à votre égard le même estime politique qu'auparavant.

L'avenir le démontrera.

Et maintenant, je laisse l'opinion publique juge entre vos affirmations et mon démenti.

Gustave Rouanet.

Narbonne, le 27 janvier 1879

www.ingramcontent.com/pod-product-compliance
Lightning Source LLC
Chambersburg PA
CBHW070543050426
42451CB00013B/3160